Ein Paar Handschuhe

Die Lebensgeschichte von Yvonne Koch

mit Beiträgen von Yvonne Koch,
Diana Gring und Thomas Rahe

Gedenkstätte
Bergen-Belsen

Stiftung
niedersächsische
Gedenkstätten

Kleine Reihe

Inhalt

Gedenkstätte Bergen-Belsen, Teil der Dauerausstellung: Medienstation mit Auszügen aus dem lebensgeschichtlichen Interview mit Yvonne Koch und Vitrine mit den Handschuhen • privat

Die Handschuhe von Yvonne Koch
Zur Geschichte eines Objekts

Diana Gring

„Ja, es fällt mir schwer, aber ich mach' das ...“: Dies waren die ersten Worte in dem lebensgeschichtlichen Interview, das ich im Mai 2003 im Auftrag der Gedenkstätte Bergen-Belsen mit Dr. Yvonne Koch führte. Aufgeregt, aber entschlossen saß sie vor der Kamera und erwartete meine Fragen. Bisher hatte sie fast noch nie über ihre Kindheit – diese ganz besondere Kindheit – gesprochen, schon gar nicht mit Fremden wie mir. In den Händen hielt sie einige Notizblätter; sie hatte sich gut auf das Interview vorbereitet.

Fast drei Stunden lang erzählte mir Yvonne Koch dann aus ihrem Leben: Geboren 1933 als Tochter einer jüdisch-assimilierten Familie in der damaligen Tschechoslowakei, der Vater Arzt, ein liebevolles Elternhaus, frühe Erinnerungen an die Lieblingspuppe, den Hund und das Schlittschuhlaufen im Winter. Aber dann zerfiel nach und nach das Bild eines behütet aufgewachsenen und fröhlichen kleinen Mädchens. Denn es folgten ihre Schilderungen über Ausgrenzung und Angst, die Verfolgung der jüdischen Bevölkerung und die schmerzliche Trennung von den Eltern – und schließlich die Deportation in einem überfüllten Viehwaggon in ein deutsches Konzentrationslager. Im Herbst 1944 wurde Yvonne Koch als zehnjähriges Kind in das KZ Bergen-Belsen eingeliefert.

Am Ende des Interviews, das mich tief beeindruckt hatte, holte Yvonne Koch eine Schachtel hervor. Darin lagen, eingeschlagenen in feines Seidenpapier, ein Paar mit bunten Wollfäden gestrickte Kinderhandschuhe. Jeder hat Handschuhe zuhause, farblich passend zum Wintermantel oder für den

Skiurlaub. Manchmal verliert man einen und ärgert sich. Es sind Alltagsgegenstände, denen wir in unserem Leben normalerweise nur wenig Beachtung schenken. Aber dieses Paar Handschuhe hat eine ganz besondere Geschichte: Sie sind der einzige Gegenstand, den Yvonne Koch aus dem Konzentrationslager Bergen-Belsen mitnahm und seither wie etwas sehr Zerbrechliches und Kostbares aufbewahrte. Ein anderer weiblicher Häftling aus dem Frauenlager, vermutlich eine Russin, hatte Yvonne Koch ab und zu etwas zu Essen gegeben und ihr eines Tages diese Handschuhe geschenkt. Für das Mädchen, das ohne Eltern oder andere Familienangehörige im Lager auf jede Form von Unterstützung lebensnotwendig angewiesen war, bedeuteten diese Handschuhe Wärme – physisch und psychisch – und ein Zeichen der Menschlichkeit. Fast sechzig Jahre später überreichte Yvonne Koch mir dieses tief berührende und einzigartige Objekt als Schenkung für die Gedenkstätte Bergen-Belsen.

Seit 1999 führt die Gedenkstätte Bergen-Belsen lebensgeschichtliche Interviews mit Überlebenden des Konzentrations- und Kriegsgefangenenlagers sowie mit anderen Zeitzeugen durch. Bis heute konnten auf diese Weise rund 450 Lebensgeschichten audiovisuell dokumentiert werden. Für die Gestaltung der neuen Dauerausstellung, die im Herbst 2007 eröffnet wurde, hatte dieser Bestand eine große Bedeutung. Nach einem eigens entwickelten Medienkonzept wurden Ausschnitte aus Zeitzeugen-Interviews direkt in die Ausstellung integriert und in Form von Prolog und Epilog sowie thematischen und biografischen Medienstationen aufbereitet.

Schon zu einem relativ frühen Zeitpunkt in der Konzeptionsphase waren sich die Ausstellungsmacher einig darüber, dass die Handschuhe von Yvonne Koch als Exponat in der neuen Dauerausstellung präsentiert werden sollten. Aus dem Männer- und Frauenlager des KZ Bergen-Belsen sind – anders als beispielsweise aus dem sogenannten Austauschlager – nur relativ wenige Originalobjekte erhalten. Das Ziel war, in dem Ausstellungskapitel über die Endphase von Bergen-Belsen als Auffang- und Sterbelager – also innerhalb eines Themas, das ohnehin an jede Grenze der Darstellbarkeit stößt – dieses Objekt und seine Geschichte zu zeigen.

Von Relikten dieser Art geht eine gewisse Faszination aus, und die Ausstellungsmacher wollten nicht, dass der Blick auf das historische Geschehen durch die Emotionalität des Objektes einerseits und seine Alltäglichkeit andererseits verwischt wird. So wurde dem Exponat eine Medienstation zugeordnet, in der Ausschnitte aus dem Interview mit Yvonne Koch präsentiert werden. Der filmische Zusammenschnitt, in dem sie berichtet, wie sie an die Handschuhe gelangte und was sie ihr in der damaligen Situation im Konzentrationslager bedeuteten, ist vier Minuten lang. Indem das Exponat auf diese Weise mit einer Person und deren konkreter Geschichte in einen Zusammenhang gebracht wird, entgeht es der Gefahr einer Überhöhung oder Inszenierung, die eine Annäherung an das eigentliche Geschehen erschweren würde.

Aus den Notizen, die Yvonne Koch damals für unser Interview vorbereitet hatte, entstand wenig später ein erster längerer Text, der die Grundlage

„Ja, es fällt mir schwer, aber ich mach' das ..."

für die vorliegende Publikation bildet. Yvonne Koch ist in den letzten Jahren zu einer sehr aktiven Zeitzeugin geworden. Nachdem sie lange Zeit über ihre Verfolgung, ihre Erlebnisse und Erinnerungen geschwiegen hatte, spricht sie nun ganz offen darüber, beispielsweise vor Schulklassen und Jugendgruppen. Es fanden mit ihr Dreharbeiten für eine Fernsehdokumentation statt und verschiedene andere Interviews mit der Presse. Viele Male war sie als Zeitzeugin beim Internationalen Jugend-Workcamp Bergen-Belsen und erzählte dort ihre Geschichte vor Jugendlichen aus aller Welt. Bei einem ihrer Vorträge 2010 sagte sie: „Trotz allem empfinde ich keinen Hass oder Trauer. Vor Ihnen zu sitzen und über meine Zeit berichten zu können, gibt mir neuen Mut und Kraft."

Manchmal, wenn Yvonne Koch und ich heute miteinander telefonieren oder uns am Rande von Gedenkfeiern und anderen Veranstaltungen in Bergen-Belsen treffen, dann sagt sie mir, dass ihr diese Termine zwar viel bedeuten, aber sie gleichzeitig auch sehr anstrengen. „Es fällt mir schwer, aber ich mach' das", pflegt sie dann zu sagen.

30. November 2012, Festakt zum 60-jährigen Bestehen der Gedenkstätte Bergen-Belsen; Yvonne und Herbert Koch im Gespräch mit dem Britischen Botschafter, Sir Simon McDonald (links). • Jesco Denzel

Seite 6:
Zeitzeugengespräch mit Yvonne Koch in der Gedenkstätte Bergen-Belsen beim Internationalen Jugendworkcamp 2008 • AG Jugendarbeit in Bergen-Belsen im Landesjugendring

Seite 7:
Yvonne Kochs Handschuhe • Gedenkstätte Bergen-Belsen

Gedenkstätte Bergen-Belsen, Gedenkstein am Eingang zum Friedhof, 2016. • Stiftung niedersächsische Gedenkstätten/Gedenkstätte Bergen-Belsen

Die Handschuhe

Yvonne Koch

Mein 75. Geburtstag war für mich 2008 der Anlass, meine Lebenserinnerungen zu Papier zu bringen. Ich tat dies vor allem, um meinen Enkeln und ihrer Generation ein Schicksal im 20. Jahrhundert vorzustellen und nahe zu bringen, das heute in Europa kaum mehr denkbar erscheint. Es bewegt mich sehr, dass zwar die Generation meiner Zeitgenossen und deren Kinder – auch meine eigenen – nur in Ausnahmefällen an meiner Lebensgeschichte interessiert sind, die Enkel dafür jedoch umso mehr. Mit meinen Erinnerungen möchte ich auch Pädagogen und Mitarbeitern von Jugendorganisationen einen authentischen Bericht in die Hand geben, um deren wichtige und wertvolle Arbeit zu unterstützen.

Ich habe als zehn- und elfjähriges Kind vom November 1944 bis zur Befreiung am 15. April 1945 das Grauen des Konzentrationslagers Bergen-Belsen durchleben müssen. Mein Bericht über diese Erlebnisse ist natürlich bruchstückhaft, aber unzählige Momente sind so gegenwärtig, als seien sie eben erst geschehen. Ich werde etwas später beschreiben, warum ein Paar Handschuhe, das eine Frau – ein Häftling wie ich selbst – für mich angefertigt hat, so wichtig für mich ist und was es zu einem bedeutenden Exponat in der Gedenkstätte Bergen-Belsen macht.

Meine Erinnerungen an diese schreckliche Zeit werden bald Geschichte sein, denn die Tage der nur noch wenigen Überlebenden sind gezählt. Aus heutiger Sicht ist vieles, was damals in Europa geschah, unvorstellbar. Verfolgt man die Nachrichten unserer Zeit, so hört man jedoch leider auch immer wieder von sinnlosen und hassgeprägten Grausamkeiten aus vielen Teilen der Welt.

Das Einmalige an dem System der Vernichtung von Menschen im Nationalsozialismus war, dass diese mit perfekter Strategie und Organisation, brutal und

menschenverachtend geplant war und mit der sprichwörtlichen deutschen Gründlichkeit erledigt wurde. Wie bei einem Wirtschaftsunternehmen wurde darüber sogar penibel Buch geführt. Ich hatte das Unglück, in dieses grausame Räderwerk zu geraten, und ich hatte das Glück, es zu überleben.

Dr. Karol Pollak mit Ehefrau Alice und Tochter Yvonne vor dem Haus der Familie in Lednické Rovné.
In dem Haus befand sich auch die Praxis von Dr. Pollak.
1936 • privat

Seite 13:
Yvonne Polláková mit ihrer Mutter, 1936 • privat

„Eine sehr glückliche, wohlbehütete Kindheit“: Das Leben mit meinen Eltern in der Slowakei (1933 bis 1940)

Ich wurde am 7. Dezember 1933 in Žilina, einer slowakischen Kreisstadt, geboren. Die Slowakei gehörte damals zur Tschechoslowakei, einem Staat, der nach dem Ersten Weltkrieg gegründet worden war. Meine Vorfahren stammen aus Österreich und dem Elsass. Sie waren in die damals zum Königreich Ungarn gehörende Slowakei eingewandert. Kenntnisse und Wissen der Einwanderer waren sehr gefragt, um Wirtschaft und Kultur zu befördern. Um diese Menschen ins Land zu holen, bot ihnen die Habsburger Monarchie wichtige Steuervorteile.

Meine Urgroßeltern waren Handwerker und konnten sich einen bescheidenen Wohlstand erarbeiten. Meine Großeltern haben ihren Kindern – meinen Eltern – bereits ein Studium ermöglicht. Mein Vater war Arzt, meine Mutter hatte die Handelsschule absolviert. Beide stammten aus jüdischen Familien, in denen aber die Religion nie eine Rolle gespielt hat. Weihnachten und Ostern wurden, wie in der Slowakei üblich, nach christlichem Brauch gefeiert. In der Slowakei war es damals nahezu selbstverständlich, dass neben Slowakisch und Ungarisch auch Deutsch gesprochen wurde.

Als ich geboren wurde, war mein Vater Landarzt in Lednické Rovné, einem kleinen Ort nördlich von Bratislava, der weltweit durch seine Glasbläserei berühmt ist. Die Praxis meines Vaters war gut besucht, und er versorgte – wie damals üblich – auch die umliegenden Dörfer. Ich blieb, damals sehr zu meinem Bedauern, das einzige Kind meiner Eltern.

Mein Vater war ein zutiefst humanistisch gesinnter Mann; er war ein großer

Kenner und Verehrer der klassischen Literatur. Mit Goethes „Faust" und Dante Alighieris „Göttlicher Komödie" beispielsweise hat er sich bis an sein Lebensende besonders intensiv beschäftigt und konnte Teile davon – auf Deutsch – auswendig zitieren.

Meine Mutter war eher praktisch veranlagt; nach der Heirat hatte sie ihren Beruf aufgegeben und war nur mit der Familie beschäftigt. Sie war aber eine aktive Tennisspielerin.

Von 1933 bis 1939 hatte ich eine sehr glückliche, wohlbehütete Kindheit. Mein Hund, ein Airedale-Terrier, hieß Don, und ich bin sehr gerne mit ihm herumgetollt. Im Winter begleitete er mich zum Schlittschuhlaufen. Im Garten hatte ich eine Schaukel und Ringe zum Turnen. Ich erinnere mich an eine Stoffpuppe, die Paulinka hieß und die ich über alles geliebt habe. Manchmal durfte ich meinen Vater bei Patientenbesuchen begleiten, wenn er mit seiner Pferdekutsche in die umliegenden Dörfer fuhr.

Schon im Alter von etwa sechs Jahren habe ich gespürt, dass etwas Geheimnisvolles zwischen meiner Mutter und meinem Vater besprochen wurde. Es musste etwas sein, was ich nicht wissen durfte.

Meine Eltern waren römisch-katholisch getauft, wurden aber als „nicht-arischer Herkunft" klassifiziert.[1] Wir mussten schon 1940 Lednické Rovné verlassen, weil meinem Vater von den slowakischen Behörden das Recht entzogen worden war, eine eigene Praxis zu führen. Ein eigenes Haus durften wir auch nicht mehr bewohnen. Für meine Eltern war dies eine sehr schwere Zeit, weil sie ihre Existenz und ihr Zuhause verloren hatten und fast ohne Einkünfte waren. Mein Vater konnte nur gelegentlich bei befreundeten Kolle-

1 Von März 1939 bis 1945 war die Slowakei unter Jozef Tiso faktisch ein Satellitenstaat des Großdeutschen Reiches. In dieser Zeit wurden die meisten Juden in die Vernichtungslager deportiert.

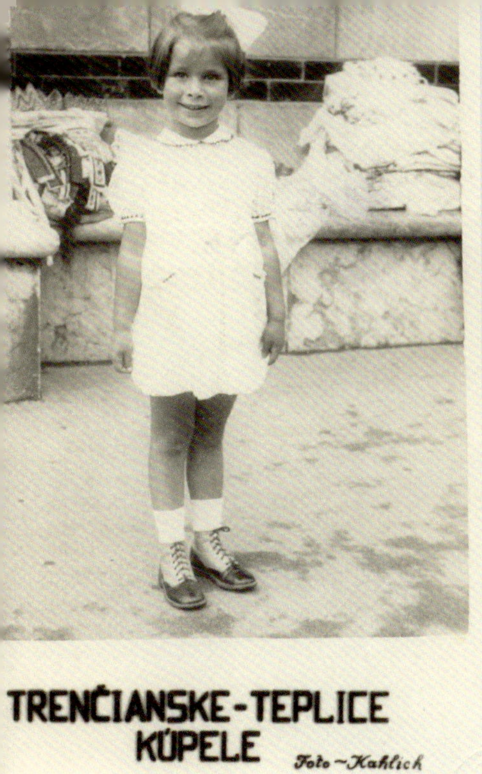

gen aushelfen. Meine Mutter hat, wie ich natürlich erst Jahre später erfahren habe, versucht, Schmuck und andere Wertsachen zu verkaufen, meist vergeblich, weil die Leute Angst hatten, staatlich Verfolgten zu helfen.

Zunächst sind wir zu meinen Großeltern mütterlicherseits nach Zvolen gezogen. Sie hatten dort eine große Spedition und fühlten sich offenbar einigermaßen sicher. Leider war das ein Irrtum: Mein Großvater wurde verhaftet und später im Lager umgebracht, meine Großmutter konnte sich verstecken und überlebte in der Illegalität in Ungarn. Mein Vater wurde zunächst verhaftet, aber später haben Freunde geholfen: Er wurde entlassen und konnte einige Zeit im Krankenhaus von Banská Bystrica als Assistenzarzt arbeiten.

1940 wurde ich in Zvolen eingeschult. Zunächst war alles ganz normal. Ich fühlte mich recht wohl und ging gerne in die Schule. Leider nur kurze Zeit: Nach einigen Wochen rief die Klassenlehrerin meinen Namen auf und erklärte vor der ganzen Klasse: „Ab morgen darfst du nicht mehr in die Schule kommen, weil du eine Jüdin bist, und wenn Du auf die Straße gehst, musst du einen gelben Stern tragen.“[2] Für mich brach die Welt zusammen, ich habe mich schrecklich geschämt, weil ich nicht wusste, was los war. Tagelang habe ich nur geweint und traute mich nicht aus dem Haus, konnte das alles nicht verstehen. Ich war noch nicht ganz acht Jahre alt und wusste überhaupt nichts mit dem Wort „Jüdin“ anzufangen.

Meine Eltern glaubten wie viele andere, als getaufte Christen seien sie vor Verfolgung geschützt. Die abstruse Rassenideologie des Nationalsozialismus hat dazu

2 Vom 9. September 1941 an mussten die Juden ein besonderes Abzeichen tragen: eine zehn Zentimeter breite, gelbe Armbinde mit einem „Davidstern“ von zweieinhalb Zentimetern Durchmesser.

Ich war noch nicht ganz acht Jahre alt und wusste überhaupt nichts mit dem Wort „Jüdin" anzufangen.

geführt, dass Angehörige der jüdischen Religion als „Rasse" bezeichnet wurden und als solche der rücksichtslosen Verfolgung preisgegeben waren, ja ausgerottet werden sollten. Dabei hatte die aktuelle Konfession offenbar gar keine Bedeutung. Hitler ist tot, aber diese Rassentheorie scheint immer noch in manchen Köpfen präsent zu sein. (Der hin und wieder – vielleicht gedankenlos – benutzte Begriff „Halbjude" beweist das).

Durch einen guten Freund, den Chefarzt Dr. Andrej Kukura, bekam mein Vater eine Stelle als Assistenzarzt im Krankenhaus in Podbrezová. Dort durfte er auch ein Zimmer mieten. Meine Mutter brachte mich in das Kloster der Vinzentinerinnen in Banská Bystrica. Ich musste dort keinen gelben Stern tragen und konnte gemeinsam mit allen anderen die Klosterschule besuchen, da ich ja katholisch war.

Seite 14 links:
Yvonne Polláková, 1936 • privat

Seite 14 rechts:
Yvonne mit ihrem Airedaleterrier „Don", 1938 • privat

Seite 15 links:
Yvonne im Alter von fünf Jahren, 1938 • privat

Seite 15 rechts:
im Schwimmbad, 1939 • privat

Seite 17:
Yvonne als Schülerin bei den Vinzentinerinnen in Banská Bystrica (stehend, 4. v. r. in der Reihe hinter den Erwachsenen) • privat

„Ich habe sehr oft geweint“: Mein Leben im Versteck bis zur Deportation nach Bergen-Belsen (1940 bis November 1944)

Es fiel mir anfänglich sehr schwer, mich in die Disziplin dieses Ordens einzufügen. Die Oberin wie auch die Schwestern waren sehr gut zu mir, aber mir fehlte doch die elterliche Wärme, und natürlich herrschte im täglichen Ablauf eine streng festgelegte Ordnung. Heute weiß ich, dass es die Nonnen nur gut mit mir und den anderen Kindern gemeint haben. Sie wollten uns schützen, doch das konnte ich als achtjähriges Kind natürlich nicht begreifen. Jeder Tag fing mit einem Gebet an, beim Frühstück durften wir nicht sprechen und nicht lachen, dann mussten wir aufräumen, in die Schule gehen und wieder beten, dann Mittagessen, Schulaufgaben, Zimmer saubermachen, in die Kapelle zum Gottesdienst, beten und Kirchenlieder singen, beten und schlafen gehen. Wir hatten einen großen Schlafsaal, und wenn wir zu Bett gegangen waren, durften wir nicht mehr sprechen. Tagsüber waren wir in einem Klassenraum, dort haben wir auch die Schulaufgaben erledigt, gegessen haben wir in einem großen Speisesaal. Ein Spielzimmer gab es nicht, aber bei schönem Wetter waren wir oft im Garten des Klosters.

Ich hatte vor den Schwestern großen Respekt. Sie haben zwar nur selten gelacht, uns über den Kopf gestreichelt oder eine Geschichte erzählt, aber wir waren sehr gut versorgt. In den Jahren im Kloster habe ich allerdings nie ein Kinderbuch in der Hand gehabt und sehr vermisst, dass mir jemand liebevoll „Gute Nacht!“ sagt. Ich kann mich noch erinnern, dass wir in einem Hof des Klosters, dem Kreuzgang, umgeben von hohen Mauern spazieren gehen mussten, aber

Familie Pollak, 1940 • privat

nie spielen oder gar toben durften, auch Sport konnten wir nicht treiben, und es gab auch keinen Sportunterricht. Wir haben das Kloster und seinen Garten nie verlassen. Ich habe während der ganzen Zeit im Kloster keine richtige Freundin gehabt; vielleicht war das nicht erwünscht. Wir sollten den Ordensschwestern auch keine persönlichen Fragen stellen.

Meine Mutter hat mich fast jede Woche besucht. Das waren meine schönsten Stunden, aber sie war so ernst, dass ich mich nie getraut habe, Fragen zu stellen. Auch wo mein Vater war, wusste ich nicht. Ich habe sehr oft geweint und wollte zu meinen Eltern zurück. Ich weiß nicht, ob auch andere Kinder von verfolgten Familien im Kloster waren. Sehr deutlich kann ich mich an ein Gespräch erinnern, in dessen Verlauf meine Mutter der Oberin gesagt hat: „Ich habe nur dieses Kind, ich möchte bitten, dass sie keine Nonne wird."

Eines Sonntags, im Frühjahr 1944, kam meine Mutter wie üblich zu Besuch und eröffnete mir, dass sie mich nicht mehr regelmäßig besuchen könne, weil mein Vater die Stelle in Podbrezová verloren habe und sie umziehen müssten, sie wisse aber noch nicht, wohin. Das war für mich eine schreckliche Neuigkeit, und ich hatte große Angst, meine Eltern könnten für immer weggehen. Ich habe bitterlich geweint und mich so fest an meine Mutter geklammert, dass sie schließlich nachgegeben hat und bereit war, mich mitzunehmen.

Ich kann mich gut daran erinnern, dass die Oberin zu meiner Mutter sagte: „Frau Polláková, lassen Sie das Kind bei uns, hier in unserem Kloster ist Ihr Kind in Sicherheit." Meine Mutter konnte es aber nicht übers Herz bringen, meine flehentlichen Bitten abzulehnen. Sie hat die drohenden Gefahren sicher nicht ernst genug genommen. So bin ich dann mit meinen

... ich hatte große Angst,
meine Eltern könnten für immer weggehen.

Eltern von Banská Bystrica nach Čadca in die Nordslowakei umgezogen.

Mein Vater hatte in Čadca eine Stelle als Hilfsarzt bekommen. In einem Einfamilienhaus bewohnten wir ein möbliertes Zimmer, und ich war sehr glücklich, wieder bei meinen Eltern zu sein. Leider hat diese Zeit nur wenige Wochen gedauert. Eines Tages sagten meine Eltern in ganz scharfem Ton: „Yvonne, Du kannst nicht länger mit uns leben, geh bitte zu der Familie im ersten Stock, das wird Deine neue Familie sein." Das war im Sommer 1944, da war ich zehn Jahre alt und habe wieder einmal nichts verstanden.

Meine ganze Kindheit über, auch im Kloster Banská Bystrica, spürte ich immer, dass sich hinter meinem Rücken etwas abspielte, das ich als Kind nicht wissen sollte. Es waren nur wenige Tage, die ich in der fremden Familie sein musste.

Eines Morgens nach dem Frühstück kam meine Mutter mit einem Koffer und hat sehr energisch gesagt: „Die Deutschen sind im Ort, das Haus wird besetzt, und ich bringe Dich nach Turzovka in ein anderes Kloster." Meine Mutter hat meine Hand festgehalten und mir verboten zu sprechen. Wir sind an den deutschen Soldaten vorbei die Treppe heruntergegangen. Meine Mutter hat mir nichts erklärt, und wir sind mit einem Auto nach Turzovka in ein Kloster der Cyrilo-Methodisten gefahren. Dort hat mich die Oberin, eine große Nonne, sehr nett empfangen.

Die Oberin nahm mich mit in einen großen Raum, in dem auch andere Kinder waren, und meine Mutter war plötzlich weg. Ich spürte, dass etwas Gefährliches passiert war. Ich hatte große Angst und wusste nicht, warum ich wieder im Kloster und getrennt von meinen Eltern sein musste. In diesem Kloster war es nicht so förmlich wie bei den Vinzentinerinnen in Banská Bystrica. Es waren Sommerferien, wir haben große Wanderungen gemacht

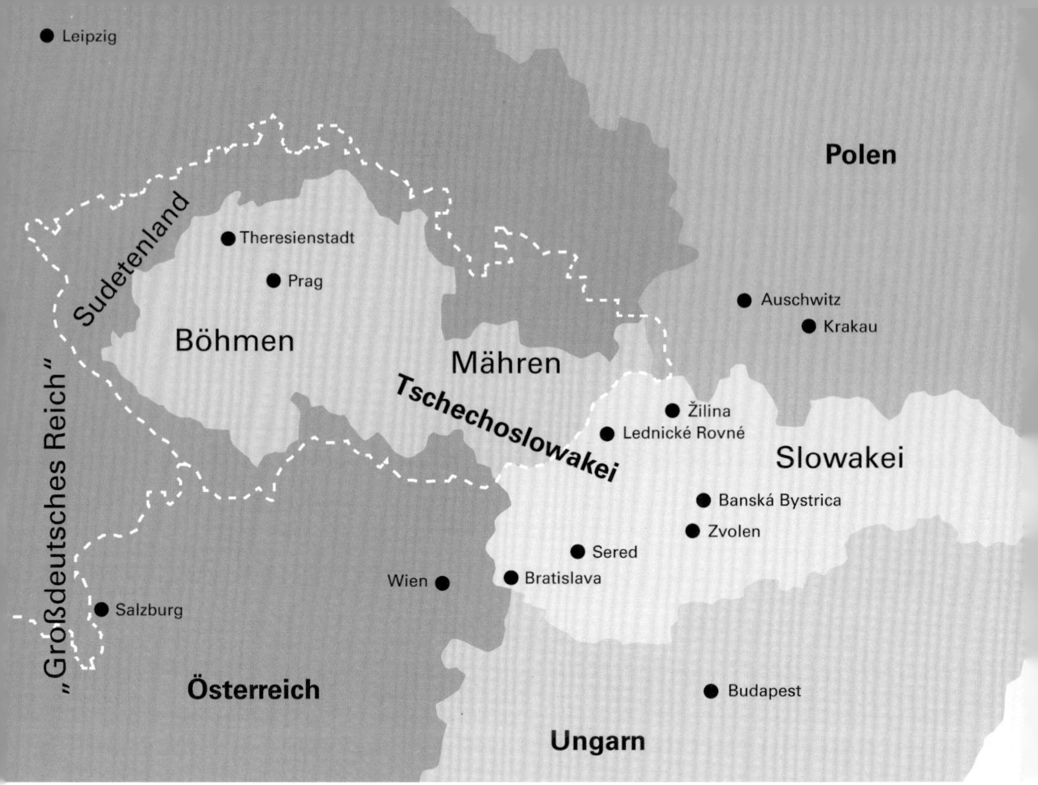

und auch weniger gebetet. Meine Eltern waren sicherlich überzeugt, dass ich im Kloster vor der Verfolgung geschützt sei.

Ich wusste damals nicht, dass mein Vater erneut seine Stelle verloren hatte und sich nur durch die Flucht in die Berge der Verhaftung entziehen konnte. Erst Jahre später habe ich erfahren, dass mein Vater zwei Flüchtlinge aus dem Konzentrations- und Vernichtungslager Auschwitz ärztlich behandelt hatte, Walter Rosenberg und Alfréd Wetzler.[3] Einer der beiden, Alfréd Wetzler, hat unter dem Pseudonym Jozef Lanik darüber ein Buch geschrieben und erinnert sich darin dankbar an die medizinische Hilfe, die ihm mein Vater geleistet hat.[4] Nach dem Krieg habe ich ihn kennen gelernt. Natürlich versuchten slowakische Gardisten und die deutsche SS, die beiden Flüchtlinge mit allen Mitteln wieder einzufangen, denn man wollte die Verbreitung von Nachrichten über die Zustände in Auschwitz unbedingt verhindern. Sie werden erfahren haben, dass mein Vater als Arzt mehrfach Kontakt zu den Geflohenen hatte. Man suchte intensiv nach ihm, sicherlich in der Hoffnung auf Informationen über den Verbleib der beiden Männer. Mein Vater musste deshalb bis Kriegsende bei Bergbauern in den Wäldern versteckt bleiben, aber er war von dort aus immer wieder als Arzt tätig.

Meine Mutter konnte in Bratislava untertauchen und unter falschem Namen als Dienstmädchen arbeiten. Der katholische Bischof Michal Buzalka von Bratislava war ihr dabei sehr behilflich.

3 Dieser Vrba-[Rosenberg]-Wetzler-Bericht – bekannt auch als die Auschwitz-Protokolle – umfasst 32 Seiten und wurde im Nürnberger Kriegsverbrecher-Prozess von der Anklagevertretung vorgelegt. Kopien befinden sich unter anderem in Yad Vashem/Jerusalem.

4 Jozef Lánik, Was Dante nicht sah, Berlin (Ost) 1964; die Passage zu Dr. Pollak findet sich auf den Seiten 247 und 248. Auch Rudolf Vrba hat einen Lebensbericht veröffentlicht und erwähnt Dr. Pollak, der die beiden Flüchtlinge eine Nacht lang bei sich versteckte: Rudolf Vrba, Ich kann nicht vergeben. Meine Flucht aus Auschwitz, Frankfurt am Main 2010 (zuerst London 1963). Die fragliche Passage findet sich auf den Seiten 410 und 411.

Yvonne feiert Erstkommunion, 1942 • privat

Seite 20:
Slowakei 1938 • Christoph Ermisch

Mein Aufenthalt im Kloster wurde jedoch verraten. Nach einigen Wochen holte mich die Oberin und sagte mir: „Du kannst nicht weiter bei uns im Kloster bleiben, in ein paar Minuten kommen Polizisten und nehmen dich mit." Tatsächlich kam ein slowakischer Gardist in Uniform und sagte zu mir: „Wenn Du mir sagst, wo Dein Vater ist und wann und wo du ihn zum letzten Mal gesehen hast, dann kannst du hier im Kloster bleiben." Ich konnte ihm aber nichts darüber sagen. Ich wusste weder, wo mein Vater war, noch, wo meine Mutter lebte.

Der Gardist nahm mich mit. Am Bahnhof wartete eine junge Frau auf ihn, beide haben aus einer Flasche Schnaps getrunken, haben gelacht und der Gardist hat zu mir gesagt: „Wenn du willst, kannst du weglaufen." Da mich niemand auf so eine Situation vorbereitet hatte, wusste ich nicht, was ich tun sollte und bin bei dem Gardisten geblieben, weil ich vor dem großen Mann in Uniform große Angst hatte. Ich musste mit ihm einige Stunden mit dem Zug nach Sered fahren. Dort war das zentrale Sammellager für slowakische Juden. Hier hat mich der Gardist abgegeben.

Das Lager bestand aus verschiedenen Häusern, es war ursprünglich ein Holzlager und eine große Möbelfabrik. Ich musste mich in einer Schlange von Menschen anstellen, an einem langen Tisch saßen Leute in Uniform und auch in Zivil. Ich wusste überhaupt nicht, wo ich war und was ich dort sollte. Auf meine Fragen bekam ich keine Antwort. Ich musste meinen Namen sagen, wo ich wohnte, wie meine Eltern heißen und noch viele andere Fragen beantworten. Ich erinnere mich eigentlich nur daran, dass wir danach wieder in einer langen Schlange anstehen mussten, bis wir etwas zu essen bekamen. Wie ich die Nacht verbracht habe, weiß ich nicht mehr. Ich war schrecklich aufgeregt und wusste

Auf meine Fragen bekam ich keine Antwort.

überhaupt nicht, in welcher Situation ich mich befand.

Die Oberin vom Kloster in Turzovka hatte auf vertraulichem Weg meine Mutter über meine Verhaftung informiert. Sie bekam dann innerhalb weniger Stunden die Nachricht, dass ich in das zentrale Sammellager nach Sered verschleppt worden war. Meine Mutter bemühte sich erfolgreich um die Genehmigung, mich aus dem Lager Sered abzuholen und nach Banská Bystrica in das mir schon bekannte Kloster zu bringen. Als sie nur zwei Tage nach meiner Einlieferung nach Sered kam, wurde ihr gesagt, ich sei schon abtransportiert worden. Das Ziel war angeblich unbekannt. Im Kloster in Banská Bystrica, bei den Vinzentinerinnen, wäre ich vielleicht sicher gewesen. Wäre meine Mutter im Frühjahr 1944 durch mein Weinen und bitterliches Flehen nicht schwach geworden, wäre mir viel erspart geblieben. Die Transporte aus Sered wurden von Mitarbeitern der Deutschen Reichsbahn organisiert, für sie war nur wichtig, dass die Stückzahl „60 pro Waggon" stimmte, denn dafür wurde bezahlt. Wer konnte, hat versucht, sich vor dem Abtransport zu retten; wahrscheinlich wussten im Herbst 1944 schon viele Menschen, was sie im KZ erwartete und hatten Todesangst, insbesondere vor der Gaskammer.

Den Transport im Viehwaggon habe ich in der allerschrecklichsten Erinnerung. Wir konnten nur stehen, es gab keinen Platz zum Sitzen, allenfalls auf dem Handgepäck (ein Stück mit etwas Kleidung und Essen war erlaubt) oder auf dem Fußboden, da waren noch ein paar Wasserkübel. In meinem Waggon waren keine anderen Kinder, nur Erwachsene, die geweint und gebetet und manchmal auch geschrien haben, wenn der Zug anhielt. Es war in dem Waggon ein fürchterlicher Gestank nach Fäkalien und Urin.

Die Schreie unter der Dusche habe ich bis heute in schrecklicher Erinnerung.

„Im Lager hat sich niemand um mich gekümmert": Als Kind im Konzentrationslager Bergen-Belsen (November 1944 bis Frühjahr 1945)

Ich glaube, wir fuhren zwei bis drei Tage immer im dunklen Waggon, und einige sind gestorben, bis wir schließlich endgültig stehen geblieben sind. Die Riegel wurden weggeschoben und der Waggon mit großen Scheinwerfern beleuchtet. Ich konnte nichts sehen und war von so viel Licht ganz geblendet.

Ein Tag im November 1944: Wir waren an der Rampe von Bergen-Belsen angekommen. Alle mussten aussteigen und sich in Reih und Glied aufstellen. Es kamen „Kapos"[5] und SS-Männer mit Schäferhunden, die anfingen, uns in Gruppen einzuteilen. Wir mussten zunächst auf Lastwagen steigen, dabei wurde gebrüllt: „Jüdische Schweine, vorwärts, vorwärts, beeilt euch!"

Man fuhr uns durch einen Wald bis vor das Lager, dann mussten wir aussteigen. Als wir auf einem Platz mit Baracken angekommen waren, wurden wir in verschiedene Gruppen eingeteilt. Ich war das einzige Kind in diesem Transport und mit älteren Frauen in einer Gruppe. Dann ist ein Kapo gekommen und hat „Marsch!" gerufen. Wir kamen in einen Waschraum, dort mussten wir uns ganz ausziehen und dann unter die Duschen gehen. Die Frauen haben schrecklich laut geschrien: „Es ist Gas, wir werden alle sterben!", aber es kam Wasser aus der Dusche, und wir haben überlebt. Ich habe dieses Geschrei überhaupt nicht verstanden, wusste damals nichts über Gaskammern. Die Schreie unter der Dusche habe ich aber bis heute in genau so schrecklicher Erinnerung wie den Viehwaggon.

5 „Kapos": Bezeichnung für Häftlinge, die von der SS als Aufsicht über andere Häftlinge eingesetzt waren. Relative Privilegien wie bessere Ernährung korrumpierten viele Kapos, es gab jedoch auch positive Ausnahmen.

Im Lager hat sich niemand um mich gekümmert ...

Von diesem Duschraum, der in einem Holzschuppen untergebracht war, wurden wir in eine Baracke gebracht – von einem lauten deutschen Kommando uniformierter Frauen mit Hunden. Ich kam in jenen Teil des Lagers, der heute als „Frauenlager" bezeichnet wird. Es gab in Bergen-Belsen keine Gaskammern; man tötete die Menschen systematisch durch Hunger und totale Unterversorgung.

In der Baracke, die fortan meine Unterkunft war, gab es nur Pritschen aus Holz. Sie waren ganz schmal, und ich musste mir dieses enge Lager und zwei dünne Decken mit einer fremden Frau teilen. Diese fremde Frau hat mich immer an den Rand der Pritsche gedrückt und meine Decke weggezerrt. Tische und Stühle gab es nicht, sondern nur einige Bänke.

In der Baracke waren nur Frauen, die ich nicht kannte. Viele kamen aus der Slowakei, manche kannten sich. Ich habe oft versucht, mit der einen oder anderen über das zu reden, was mich bewegte, vor allem wollte ich wissen, wo ich hier war, was mit mir passiert ist, wo meine Eltern sein könnten. Aber ich bekam immer nur Antworten, mit denen ich nichts anfangen konnte, niemand hat mir erklärt, was ein deutsches Konzentrationslager ist und warum ich hier sein muss. Eigentlich haben sie immer nur gesagt, ich solle keine Fragen stellen und tun, was man mir sagt.

In der Baracke war eine besonders böse Frau, die war Blockälteste.[6] Nur diese Frau hat mit den deutschen SS-Frauen gesprochen, uns war das streng verboten. Sie hat auch das Essen verteilt, Brot und dünne Rübensuppe. Oft habe ich davon nur die Hälfte bekommen, manchmal auch gar nichts. Dieses Essen kam von einer Küchenbaracke und wurde in Kübeln angeliefert. In der Baracke wurde es verteilt, und es hing von der Blockältesten ab, wie

6 Blockälteste waren, ähnlich wie Kapos, als Funktionshäftlinge eingesetzt.

... oder versucht mich zu trösten.

viel man bekam. Als Kind unter Erwachsenen war ich meist benachteiligt und konnte mich nicht wehren. Die Brotrationen wurden auch von dieser Frau verteilt, und auch dabei erhielt ich oft viel weniger, als mir zustand.

Vom Liegen auf dem rohen Holz bekam ich im Laufe der Zeit eine nässende offene Wunde, eine Fistel, die bis auf den Oberschenkelknochen reichte – auch heute noch kann man die Narben sehen. Im Lager hat sich niemand um mich gekümmert oder versucht mich zu trösten, jeder war nur auf sich bedacht, es gab keine Solidarität. Ich habe viel geweint und gebetet und hatte schreckliche Angst vor den fremden Leuten. Jeden Tag hoffte ich, dass meine Eltern kommen und mich hier herausholen würden. Das Unabänderliche meiner Situation war mir in keiner Weise bewusst. Abends habe ich nur daran gedacht, wann ich herauskomme, ich habe gebetet und stundenlang wach gelegen und geweint. Die Frau, mit der ich die Pritsche teilen musste, hat dann mit mir geschimpft, und ich durfte weder laut beten noch weinen.

Die älteren Frauen in meiner Baracke mussten nicht arbeiten, sie liefen den ganzen Tag herum und unterhielten sich in verschiedenen Sprachen, meist auf Slowakisch. Viele von diesen Frauen kannten sich oder waren vielleicht auch verwandt. Ich habe niemanden gekannt, und niemand hat sich um mich gekümmert. Im Gegenteil, oft wurde mir das Essen – besonders Brot – weggenommen oder überhaupt nicht gegeben. Einige dieser Frauen schienen meine Eltern zu kennen; sie wussten jedenfalls, dass mein Vater Arzt war.

Jahre nach dem Krieg begegneten meine Mutter und ich einer dieser Frauen, mit der ich in der Baracke war, in Bratislava auf der Straße. Sie sprach uns an und fragte meine Mutter, ob ich das Kind aus

dem KZ sei. Als meine Mutter das bejahte, erklärte diese Frau sehr wortreich, was sie alles für mich im KZ getan und wie gut sie sich um mich gekümmert habe. Ich hatte immer noch Angst vor ihr und sagte zu meiner Mutter: „Gehen wir schnell weg von ihr, sie ist böse und hat mir oft mein Brot weggenommen."

Im KZ wurden wir sehr früh geweckt; ich kann mich erinnern, dass es noch dunkel und sehr kalt war. Wir mussten täglich zum Appell antreten. Die Blockälteste machte Meldung, wie viele Häftlinge angetreten waren. Überall standen SS-Männer und uniformierte Frauen mit Schäferhunden. Wir mussten ganz gerade wie Soldaten stehen, und wer sich bewegte, wurde mit einer Peitsche geschlagen. Wenn das noch nicht genug war, sagte die uniformierte Frau zu dem Schäferhund „Fass!", und der Hund hat zugebissen. Manchmal ist ein Häftling entkräftet zu Boden gefallen, und ein SS-Mann hat ihn erschossen. An den gefürchteten Kommandanten von Auschwitz und Bergen-Belsen, Josef Kramer,[7] kann ich mich nicht erinnern. An die SS-Aufseherin Irma Grese[8] habe ich eine vage Erinnerung, weil sie immer mit einer Peitsche herumgefuchtelt und oft Häftlinge damit geschlagen hat.

Ich konnte beim Appell nicht immer ruhig stehen, deshalb wurde einmal einer der Schäferhunde auf mich gehetzt. Er ist zu mir gekommen, hat mich aber nicht

7 Josef Kramer (1906-1945) war seit 1934 als SS-Mann in mehreren Konzentrationslagern tätig, ab Mai 1944 als Kommandant des Vernichtungslagers Birkenau, ab Dezember 1944 des KZ Bergen-Belsen. Wegen Verbrechen in Auschwitz und Bergen-Belsen wurde er im britischen Bergen-Belsen-Prozess (in Lüneburg, September bis November 1945) zum Tode verurteilt und im Dezember im Zuchthaus Hameln hingerichtet.

8 Irma Grese (1923–1945) hatte sich freiwillig zum KZ-Dienst gemeldet. Zunächst war sie Aufseherin im Frauen-KZ Ravensbrück, dann wechselte sie nach Auschwitz-Birkenau, wo sie an Selektionen für die Gaskammer beteiligt war. Im März 1945 kam sie nach Bergen-Belsen. Im britischen Bergen-Belsen-Prozess wurde sie zum Tode verurteilt und im Dezember 1945 im Zuchthaus Hameln hingerichtet.

Jeder war nur mit sich selbst beschäftigt.

gebissen. Ich kann es mir heute kaum erklären, wie ich die Appelle überlebt habe. Nach dem Appell kümmerte sich niemand um mich. Wir konnten zwischen den Baracken herumlaufen, aber man hat uns gewarnt, dem Zaun nahe zu kommen. Er war elektrisch geladen, und von den Wachtürmen wurde geschossen. Von diesen Türmen leuchteten nachts starke Scheinwerfer.

Eigentlich waren alle Sinne nur noch aufs Überleben gerichtet, auch wenn mir das nicht wirklich klar war.

„Angst, Kälte, Hunger": Ein Paar Handschuhe als Überlebenshilfe im KZ Bergen-Belsen

Erst nach und nach habe ich realisiert, dass mich meine Eltern nicht herausholen würden. Diese Hoffnungslosigkeit machte mich immer verzweifelter. Den einzigen inneren Halt und ein wenig Ruhe gab das Gebet, daraus habe ich sicher Kraft zum Weiterleben gewonnen. Ich glaubte fest, dass mich der liebe Gott hier herausholt, wenn meine Eltern es nicht tun.

Im Lager und der Baracke war niemand, mit dem ich mich auf meiner Ebene hätte unterhalten können – ich war schließlich noch ein Kind von zehn und später elf Jahren. Niemand hat versucht, mir etwas menschliche Wärme zu geben, ein wenig Trost vielleicht; keine der Frauen in unserer Baracke ist auf mich eingegangen. Jede war nur mit sich selbst beschäftigt, und die Frauen sprachen über Dinge, die ich nicht verstand. Die permanente Angst, die totale Verzweiflung und die Ahnung, dass ich nicht wusste, was morgen geschehen würde, ließen mich immer mehr abstumpfen.

Am 7. Dezember 1944 wurde ich elf Jahre alt, aber ich habe überhaupt nicht an meinen Geburtstag gedacht, und so ist dieser Tag wie alle anderen stumpf und eintönig vorbei gegangen. Später erfuhr ich, dass in anderen Lagerteilen von Bergen-Belsen auch Eltern mit Kindern oder auch nur die Mütter mit Kindern waren. Diese Kinder hatten es ein wenig leichter, weil Eltern natürlich großen Halt geben konnten und auch dafür sorgten, dass die Essensrationen gerecht verteilt wurden.

Mit fortschreitendem Winter bestimmten nur noch Hunger, Kälte und Angst den Tag. Eigentlich waren alle Sinne nur noch

Ich fror schrecklich und hatte dauernd Hunger ...

aufs Überleben gerichtet, auch wenn mir das nicht wirklich klar war. Es waren schreckliche, tägliche Qualen. Oft, wenn ich mich unbeobachtet fühlte, bin ich mit meinen dünnen Sommerschuhen durch das Lager zur Küchenbaracke gegangen, um nach Abfällen zu suchen. Das war zwar sehr gefährlich, und ich hatte Angst, erwischt und mit der Peitsche geschlagen zu werden, aber der Hunger ließ mich nicht an diese Gefahr denken. Wann immer ich mich unbeobachtet fühlte, holte ich Kartoffelschalen vom Abfallhaufen. Manchmal traf ich andere Kinder, aber ich traute mich nie, sie anzusprechen. Vielleicht auch, weil ich nicht wusste, in welcher Sprache ich sie hätte ansprechen sollen – ich konnte nur Slowakisch und etwas Deutsch – und weil ich Angst hatte, entdeckt zu werden. Nach Spielen war mir nicht zumute und vielleicht hatte ich auch Angst um meine Handvoll Kartoffelschalen.

In der Baracke war ein kleiner eiserner Ofen, und ich habe mir die Kartoffelschalen dort warm gemacht. Unser tägliches Essen wurde immer weniger, die Rübensuppe war fast nur noch Wasser, und das Brot fehlte oft ganz. Das Wenige wurde mir sehr oft weggenommen, und ich konnte mich nicht wehren, es war wie in der Tierwelt: Der Schwache wird benachteiligt. In meiner Baracke war niemand wirklich gut zu mir, und mit zunehmender Not und Hunger verrohten die Umgangsformen immer mehr. Ich fror schrecklich und hatte dauernd Hunger; immer wieder bin ich durch das Lager zu der Küchenbaracke gegangen, um Kartoffelschalen zu sammeln.

Einmal traf ich dort eine große kräftige Frau. Ich hatte zunächst Angst vor ihr, aber sie sprach mich in einer slawischen Sprache an – ich glaube, sie war Russin. Sie gab mir eine gekochte gelbe Rübe und sagte, ich solle wieder zu ihr kommen,

Diese Handschuhe …

dann bekäme ich wieder etwas. Die Rübe konnte ich nur heimlich essen, immer in der Angst, erwischt zu werden.

Tagsüber lief ich oft durch das Gelände, wo in einer Ecke manchmal Leichen lagen. Manche waren merkwürdig verdreht und schrecklich dürr. Ich habe immer nur meine Mutter gesucht, habe mir Köpfe mit schwarzen Haaren angeschaut, da meine Mutter schwarze Haare hatte. Ich glaube, ich war manchmal enttäuscht, dass ich meine Mutter nicht fand. Die Vorstellung, dass sie nicht hier im Lager war, kam mir wohl gar nicht in den Sinn. Manche Menschen, die ich für tot hielt, haben vielleicht noch gelebt, lagen im Sterben und waren schrecklich mager, sie waren nur noch Knochen mit etwas Haut darüber. Wenn es zu kalt war, ging ich zurück in die Baracke. Da es dort weder Stühle und Tische gab, sondern nur einige Bänke, konnten wir nur um den Ofen stehen oder auf den Pritschen sitzen.

So vergingen die Tage und Wochen. Es war Winter, und ich veränderte mich durch die äußeren Einflüsse – Angst, Kälte, Hunger – sehr. Alle meine Lebenskräfte reduzierten sich auf primitive Grundfunktionen.

Ich bin sehr oft zur Küchenbaracke gelaufen und habe dort lange auf die Russin gewartet, manchmal umsonst, aber immer in der Hoffnung, von ihr etwas zu essen zu bekommen. Solche Kontakte waren sicherlich sehr gefährlich; wahrscheinlich hätte man uns erschossen, wenn man uns erwischt hätte. SS-Männer und SS-Aufseherinnen gingen oft durchs Lager und beobachteten, was die Häftlinge taten. Manchmal wurden Häftlinge für eine Kleinigkeit erschossen, wenn sie zum Beispiel versucht hatten, mit Leuten aus anderen Lagerbereichen zu sprechen.

Der Winter 1944/45 war sehr kalt. Ich hatte nur dünne schwarzweiße Sommerschuhe und einen blauen Sommermantel. So fror ich schrecklich, und Erfrierungen

... waren das einzige Zeichen menschlicher Wärme ...

an beiden Füßen und den Händen waren die Folge, darunter leide ich bis heute.

Als ich wieder einmal zu der Küchenbaracke gelaufen bin, wartete die Russin schon auf mich. Sie hat mir aus verschiedenen Fäden, die sie wohl aus Schlafdecken herausgezogen hatte, gestrickte Handschuhe gegeben. Sicherlich hatte sie gesehen, wie sehr ich fror und dass meine Hände vom Frost blaurot verfärbt waren. Sie gab mir nichts zu essen – und war sofort weg.

Diese Handschuhe hatten für mich eine ganz zentrale Bedeutung: Sie waren das einzige Zeichen menschlicher Wärme; sie gaben mir Halt, der weit über ihre Bedeutung als Handschuhe hinausging. Ich habe sie immer bei mir gehabt und habe sie – auch nachts – wenn nicht getragen, so doch immer in einer Hand gehalten, habe mich daran geklammert und durch sie vielleicht ein wenig Hoffnung auf Besserung bekommen.

Nach der Befreiung habe ich mich nicht von den Handschuhen getrennt: Mein Vater bewahrte sie auf wie eine Reliquie; nach seinem Tod habe ich sie übernommen und sie später der Gedenkstätte Bergen-Belsen übergeben. Ich und meine Familie hoffen, dass die Besucher der Ausstellung meine Handschuhe als Mahnung verstehen.

Wären die Briten nur ein paar Stunden später gekommen,

„Es ging nur um das Überleben": Die letzten Wochen in Bergen-Belsen (März/April 1945)

Zu der Küchenbaracke ging ich noch oft, fast täglich, aber die Frau, die so gut zu mir war und mir geholfen hatte, habe ich nie wieder gesehen. Darüber war ich sehr traurig, vielleicht hat man sie getötet.

Es kostete mich große Überwindung, im KZ aufs Klo zu gehen, denn in der Baracke waren keine Toiletten. Es gab nur draußen eine Latrine, das war eigentlich eine Grube, über der ein paar Balken lagen, darauf musste man sich setzen. Oft sah ich in der Jauche Blutklumpen und manchmal auch verschieden große Fehlgeburten; diesen schrecklichen Anblick werde ich nie vergessen. Später erfuhr ich, dass die Nazis schwangere Frauen aus Arbeitslagern nach Bergen-Belsen gebracht und sie durch Frauen ersetzt hatten, die als „arbeitsfähig" galten.

Eine ganz ungewohnte Erfahrung war auch, dass ich nach einigen Wochen im KZ Kleiderläuse bekam. Zunächst wusste ich nicht, was da in meiner Jacke über die Nähte krabbelte. Ich lernte, dass das Läuse waren und wie man sie zwischen den Daumennägeln zerdrückte. Damit konnte ich mich stundenlang beschäftigen und war vermutlich froh, eine für mich nützliche Beschäftigung zu haben.

Eines Tages – es könnte im Januar 1945 gewesen sein – sagte die Lagerälteste, wir müssten die Baracke sauber putzen, da eine Kommission zu Besuch kommt. Es kamen tatsächlich einige Leute in Uniform und sprachen etwas mit der Blockältesten und der Lagerältesten. Ich bekam zum ersten Mal meine ganze Ration Essen und kann mich auch sehr gut daran erinnern, dass ein großer Mann in Uniform mir

hätte ich das KZ vermutlich nicht überlebt.

heimlich eine große Tafel Blockschokolade in die Hand gedrückt hat. Diese Schokolade gab mir für einige Tage wieder Kraft.

So verging ein Tag nach dem anderen, wir hatten keine Uhr und keinen Kalender; zunächst bestimmte der Appell den Tagesbeginn. Mit Fortgang des Winters wurden die Zählappelle seltener, und später sind sie ganz weggefallen. Im Frühjahr 1945 wurde die Lage immer chaotischer: Immer mehr Häftlinge kamen ins Lager, Menschen, die aus anderen Konzentrationslagern in sogenannten Todesmärschen nach Bergen-Belsen verlegt wurden. Für mich waren nur Hunger, Kälte und Angst die einzigen bestimmenden Gedanken. Es wurde nie darüber gesprochen, ob es einmal ein Ende des KZ, eine Befreiung, geben könne. Es ging nur um das Überleben heute – morgen war weit weg. Es gab keine Hoffnung auf ein Ende des Leidens, und Nachrichten von außen kamen nur ganz spärlich, meist wohl nur als Gerüchte ins Lager. Wichtig war nur: Wie schaffe ich es, morgen noch zu leben?

Ab März 1945 kamen immer öfter neue Transporte an, auch in unsere Baracke kamen Frauen aus anderen Ländern. Es wurde immer enger auf den Holzpritschen. Wir mussten nun zu dritt oder gar zu viert darauf liegen, und die Erwachsenen drückten mich immer auf die Seite. Es klingt heute schrecklich, aber ich war froh, dass die Neuen im Lager so mager waren und mir nicht so viel Platz wegnahmen.

Viele dieser Menschen waren sehr krank, und viele sind gestorben. Die SS kümmerte sich nicht mehr um den Abtransport der Toten, und so wurden die Leichenhaufen im Lager immer größer. Ich habe oft nachgeschaut, ob meine Mutter vielleicht jetzt dabei war.

Ein großes Problem in dem entstandenen Chaos war die Wasserversorgung:

18. April 1945
Fotograf: Sergeant Oakes
• Imperial War Museum, London, Photograph Archive, BU 4029

Seite 35:
Yvonne Kochs Ausweis als Displaced Person (D.P.), 1945
• privat

Es gab kaum noch sauberes Trinkwasser. Die Becken mit Löschwasser waren zwar an mehreren Stellen gut gefüllt, aber das Wasser galt als ungenießbar und gefährlich, es war mit Krankheitskeimen verseucht. Heute weiß ich, dass überall Typhuserreger waren. Wahrscheinlich habe ich mich irgendwo mit verkeimtem Wasser infiziert oder mit dem Typhuserreger, denn ich litt schrecklich unter Durchfall. Medikamente gab es nicht, also habe ich viel gebetet, mein Vater möge kommen und mich gesund machen. Es war sehr kalt, und meine dünnen Schuhe waren schon ganz durchgelaufen und immer nass. Im März lag noch einmal tiefer Schnee im Lager, da konnte ich nicht aus der Baracke laufen und versuchen, etwas zu essen zu finden.

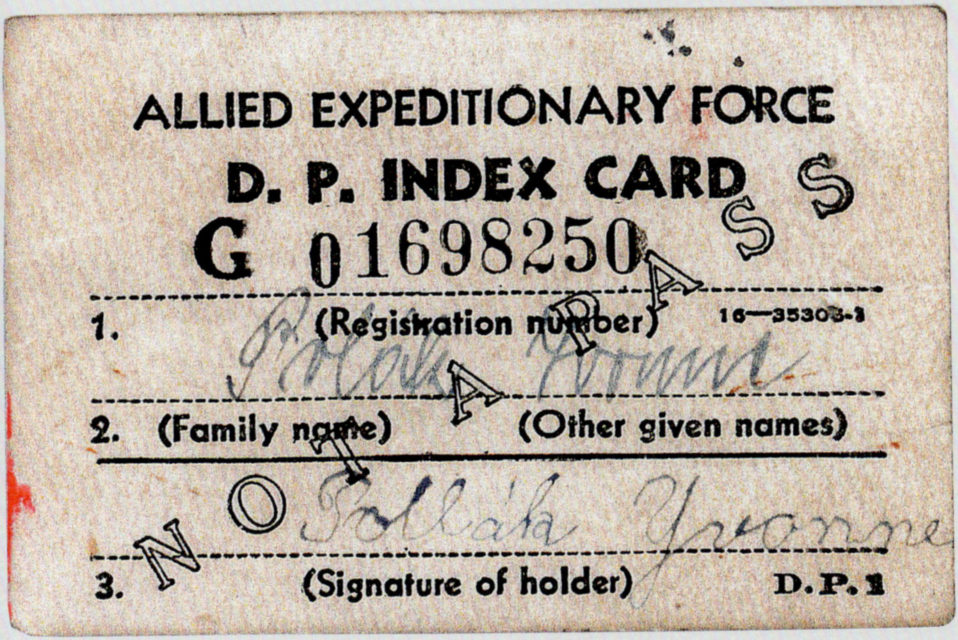

„Ich bin Yvonne Polláková“: Die Befreiung und der Neuanfang in der Tschechoslowakei (1945 bis 1965)

Im April 1945 war ich so schwach, dass ich die Baracke nicht mehr verlassen konnte. Bei der Befreiung des Lagers durch britische Truppen am 15. April 1945 lag ich bereits im Koma und habe dieses wichtige Ereignis nicht bewusst erlebt. Vielleicht hat mir meine Agonie das Leben gerettet, denn viele Häftlinge sind nach der Befreiung gestorben, weil ihre ausgemergelten Körper das plötzliche Überangebot an Essen nicht vertragen konnten. Wahrscheinlich hat ein britischer Soldat oder Sanitäter mich gefunden, erkannt, dass ich noch lebte, und mich ins Lazarett gebracht. Er muss sehr mutig gewesen sein, mich zu retten, denn er hätte sich infizieren können; ich verdanke diesem Unbekannten mein zweites Leben. Wären die Briten nur ein paar Stunden später gekommen, hätte ich das KZ vermutlich nicht überlebt.

Nach der Befreiung durch die britischen Truppen mussten die ehemaligen Bewacher, die man hier festgenommen hatte, die Leichen sammeln und in Massengräber bringen. Die riesigen Massengräber auf dem ehemaligen KZ-Gelände, der heutigen Gedenkstätte Bergen-Belsen, rufen diese fürchterlichen Zustände in die Erinnerung zurück und hinterlassen nach wie vor einen schrecklichen Eindruck bei mir.

Meine Erinnerungen setzen erst zwei bis drei Wochen nach der Befreiung wieder ein, als ich in einem britischen Lazarett in einem schönen weißen Bett lag, das ich ganz für mich allein hatte, und keinen Hunger mehr leiden musste. Ich hatte ganz neue Kleidung, und meine Handschuhe waren bei mir. Ich kann

… nach einigen Tagen sagte mir der Offizier, dass meine Eltern lebten …

heute nur vermuten, dass ich diese Handschuhe auch im Zustand der Bewusstlosigkeit so fest gehalten habe, mich so daran klammerte, dass man sie mir gelassen hat, obwohl dies wahrscheinlich gegen die Hygienevorschriften verstieß.

Es muss Anfang Mai 1945 gewesen sein, als ein britischer Offizier, der Slowakisch oder Tschechisch konnte, mich auf den Schoß nahm. Er sprach mit mir und gab mir Schokolade und sagte: „Ich nehme dich mit mit zu meinen Kindern, aber du bist noch sehr krank und musst noch im Krankenhaus bleiben." Einen Monat später fragte mich derselbe Offizier: „Wie heißt deine Familie, woher kommst du?" Da habe ich gesagt: „Ich bin Yvonne Polláková und komme aus der Tschechoslowakei." Ich bekam einen Registrierungsausweis, und nach einigen Tagen sagte mir der Offizier, dass meine Eltern lebten und mich über den Suchdienst des Roten Kreuzes gefunden hätten. Wenn ich gesund sei, werde man mich nach Prag bringen. Mit einem kleinen Autobus wurde ich Ende Juni 1945 zusammen mit einigen älteren Frauen nach Prag gefahren. Ich war sehr aufgeregt und konnte mir das Leben in Freiheit und ohne Angst und ohne Hunger nicht vorstellen.

Bei meiner Ankunft in Prag, am 29. Juni 1945, wurde ich von der Ehefrau des Präsidenten der Tschechoslowakei, Frau Hanna Benesová, empfangen. Meine Eltern, die auf mich gewartet hatten, habe ich kaum erkannt; ich habe nur im Gedächtnis, dass ich die schwarzen Haare meiner Mutter zuerst gesehen habe. Ich habe sie nicht gedrückt und nicht geküsst – ich hatte nur den Wunsch, ein eigenes, sehr langes Brot zu haben, und auch wenn ich mir ein Stück abschneiden würde, sollte es nicht weniger werden. Wahrscheinlich hat die schreckliche Enttäuschung, dass meine Eltern mich nicht aus dem Lager geholt hatten, noch nachgewirkt. Die

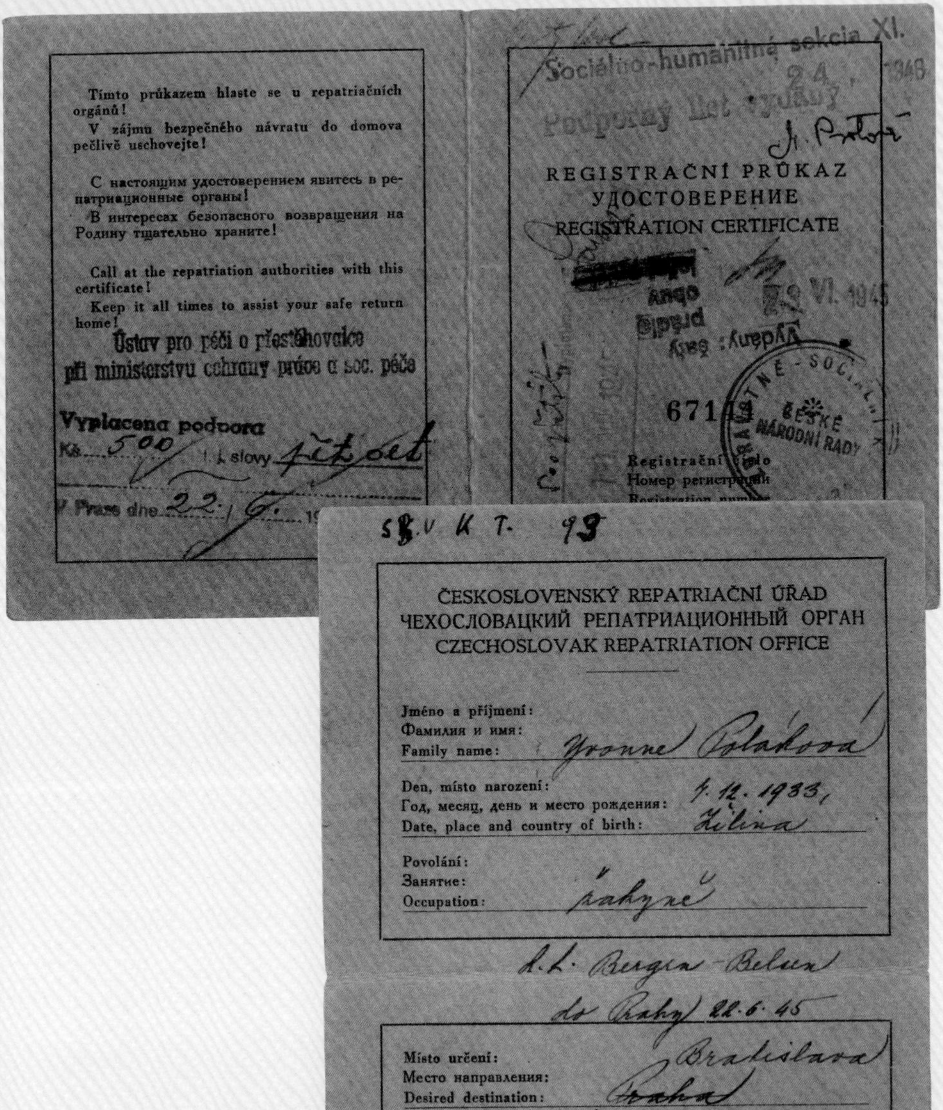

Tímto průkazem hlaste se u repatriačních orgánů!
V zájmu bezpečného návratu do domova pečlivě uschovejte!

С настоящим удостоверением явитесь в репатриационные органы!
В интересах безопасного возвращения на Родину тщательно храните!

Call at the repatriation authorities with this certificate!
Keep it all times to assist your safe return home!

Ústav pro péči o přesídlovalce při ministerstvu ochrany práce a soc. péče

Vyplacena podpora
Kčs 500,– slovy pětset
V Praze dne 22./6. 19

Sociálno-humanitná sekcia XI.
Podporny list vydaný

REGISTRAČNÍ PRŮKAZ
УДОСТОВЕРЕНИЕ
REGISTRATION CERTIFICATE

29 VI. 1945

67141

Registrační číslo
Номер регистрации
Registration number

ČESKÉ NÁRODNÍ RADY

SR. V K T. 93

ČESKOSLOVENSKÝ REPATRIAČNÍ ÚŘAD
ЧЕХОСЛОВАЦКИЙ РЕПАТРИАЦИОННЫЙ ОРГАН
CZECHOSLOVAK REPATRIATION OFFICE

Jméno a příjmení:
Фамилия и имя:
Family name: Yvonne Poláková

Den, místo narození:
Год, месяц, день и место рождения:
Date, place and country of birth: 4. 12. 1933, Žilina

Povolání:
Занятие:
Occupation: žákyně

k.L. Bergen-Belsen do Prahy 22. 6. 45

Místo určení:
Место направления:
Desired destination: Bratislava Praha

Vlastnoruční podpis:
Подпись владельца:
Signature of holder: Yvonne Polláková

V B N Praze dne дня date 22 VI. 1945

L. S.

Ausweis des Tschechoslowakischen Repatriierungsbüros, 22. Juni 1945
• privat

Wahrheit, dass sie selbst nur mit Mühe und viel Glück überlebt hatten, habe ich erst nach und nach erfahren.

Von Prag fuhr ich mit meinen Eltern mit der Eisenbahn nach Bratislava, wo mein Vater wieder als Arzt arbeitete. Ich war zwölf Jahre alt und hatte fast alles vergessen, was ich vor dem KZ in der Schule gelernt hatte. Ich hatte große Probleme mit dem Schreiben und Lesen. Es dauerte fast drei Jahre, bis sich mein Zustand einigermaßen normalisiert hatte und ich auf dem Stand der Gleichaltrigen war. Meine Eltern besorgten für mich Nachhilfelehrer – ich gehörte in der Schule lange Zeit immer zu den Schlechtesten. Meine Selbstsicherheit litt darunter sehr und ich fühlte mich minderwertig.

Mein kluger Vater entschied, dass ich neben der Schule vor allem körperlich in Ordnung kommen müsse. So bin ich in den slowakischen Schwimmclub eingetreten. Durch aktiven Sport habe ich gelernt, systematisch zu trainieren und Selbstdisziplin zu üben. Diese Eigenschaften haben mir im Sport, in der Schule und im Berufsleben auf dem schweren langen Weg zum Erfolg entscheidend geholfen. Ich wurde Mitglied der tschechoslowakischen Schwimmnationalmannschaft und habe später nationale Rekorde in Staffel- und Einzelwettbewerben aufgestellt.

Das Abitur schaffte ich mit „Sehr gut" und konnte danach an der Comenius-Universität Bratislava das Studium der Mikrobiologie beginnen. Da Studium und Leistungssport schwer zu vereinbaren waren, gab ich den aktiven Schwimmsport auf, blieb aber weiter im Schwimmclub. Ich habe immer viel Sport getrieben und bin zunehmend aktiv Ski gefahren. Die Einbindung in eine kameradschaftliche Sportgemeinschaft war für mich sehr wichtig. Das war eine sehr schöne, sorglose Zeit, ich hatte viele Freunde und fühlte mich akzeptiert.

Von 1954 bis 1964 war ich in erster Ehe verheiratet, und mein Sohn Michael wurde 1959 geboren. Er ist heute ein sehr erfolgreicher Zahnarzt im Rheinland. Unser Enkelkind Nina wurde 1996 geboren.

Mein Studium konnte ich nach fünf Jahren abschließen. Promoviert habe ich 1965 an der Karls-Universität in Prag. Als Postgraduierte habe ich mich mit einem Zusatzstudium und vielen wissenschaftlichen Arbeiten über Infektionskrankheiten an der Universität Erfurt zum Dr. med. habil. qualifiziert. Seit 1965 bin ich mit Dr. Herbert Koch verheiratet. Nach unserer Heirat zog ich nach Erfurt, Anfang der 1980er Jahre gingen wir aus beruflichen Gründen in die USA (Davis und Washington DC), und seit 1986 leben wir in Düsseldorf.

Yvonne nimmt an der Tschechoslowakischen Schwimm-Meisterschaft teil, August 1954 • privat

Seite 38 links:
Yvonne im Alter von 14 Jahren, mit ihrer Mutter • privat

Seite 38 rechts:
Dr. Pollak in seiner Praxis, etwa 1947 • privat

Schwimmtraining, 1951 • privat

Seite 41 oben:
Bratislava, Arbeit im Labor, um 1960 • privat

Seite 41 unten:
Karls-Universität Prag 1965, Überreichung der Promotionsurkunde zum Dr. rer. nat. • privat

„Manchmal werden sie übermächtig lebendig“: Das Leben in Deutschland und den USA und die Erinnerungen an Bergen-Belsen (1965 bis heute)

Bis zu meinem 30. Lebensjahr habe ich die schreckliche Zeit im KZ Bergen-Belsen weitgehend vergessen oder verdrängt. Weder in meinem Elternhaus noch im Sportclub und in der Schule wurde über die KZ- und Nazi-Vergangenheit gesprochen. Das war ein Tabuthema, wahrscheinlich wollte niemand die alten Wunden aufreißen und die schreckliche Vergangenheit lieber verdrängen. Heute wissen wir, dass das grundfalsch war, dass man solche schweren Erlebnisse aktiv verarbeiten muss und sie nicht verdrängen darf. Psychiatrische, professionelle Hilfe für solche Fälle wie den meinen war damals noch nicht bekannt. Das bedeutet aber auch, dass bestimmte Ereignisse die Erinnerungen an extrem schlimme Erlebnisse wieder aufbrechen lassen, sozusagen als Auslöser wirken.

Mein Mann ist in Dresden geboren und hat als Dreizehnjähriger nicht nur den Dresdener Bombenangriff überlebt, sondern wurde als Hitlerpimpf wochenlang zu Aufräumarbeiten herangezogen, ist von Tieffliegern beschossen worden und hat schreckliche Erlebnisse gehabt. Für ihn waren diese sicher sehr prägend, für uns beide vielleicht auch deshalb wichtig, damit er meine Erfahrungen überhaupt oder besser verstehen konnte.

Ich wurde oft gefragt, wie es möglich ist, dass ich einen Deutschen geheiratet habe. Für mich haben die Staatsangehörigkeit oder die Religion eines Menschen nie eine Rolle gespielt. Nur die menschlichen Eigenschaften, die humanistische Grundhaltung, sind wichtig. Ich habe mit vielen Menschen aus den unterschiedlichsten Ländern und Kulturkreisen zu tun

Ich wurde oft gefragt, wie es möglich ist, dass ich einen Deutschen geheiratet habe.

gehabt und fand meine Grundeinstellung zu den menschlichen Werten immer wieder bestätigt. Pauschale Schuldzuweisungen und Verurteilungen gehen an der Wirklichkeit immer vorbei, aber sie machen natürlich weniger Mühe, als sich mit den Gegebenheiten ehrlich und ergebnisoffen auseinanderzusetzen.

Eine persönliche Begebenheit aus den USA kann dies gut verdeutlichen: Wir waren in Kalifornien bei Freunden zu Besuch und wurden gebeten, an einem Abend in der Synagoge über uns zu berichten. Von einer Amerikanerin – sie hatte die USA nie verlassen – wurden wir und sogar unsere amerikanischen Gastgeber sowie der Rabbiner scharf angegriffen: Wie man es wagen könne, Deutsche in einer Synagoge in den USA sprechen zu lassen. Eine Überlebende von Auschwitz und der Rabbiner verurteilten diese Pauschalangriffe sehr scharf, es schloss sich eine lange und sehr lebhafte Diskussion an.

Wir haben Verwandte und sehr gute Freunde, darunter auch Bergen-Belsen-Überlebende, in vielen Ländern der Welt, und natürlich sind der Faschismus und der Zweite Weltkrieg ein Thema, über das wir immer wieder einmal sprechen. Wir sind uns einig, dass die Erinnerungen an diese Zeit bewahrt und weitergegeben werden müssen.

Meine eigenen Erfahrungen zeigen, dass es sehr wichtig ist, Erlebnisse wie meine mit professioneller Hilfe aktiv zu verarbeiten, denn nur dann kann man auf Dauer damit auch umgehen. Ich glaube, dies gilt nicht nur für Personen, sondern auch für Gesellschaften. In vielen Ländern wagt man es immer noch nicht, sich der eigenen Geschichte aus dieser Zeit zu stellen, und versucht alles, was damals war, zu verdrängen und zu vergessen. Der Versuch, Täter als Opfer darzustellen, ist ebenfalls weit verbreitet, und das mag durchaus gelingen, wenn keine eigenen

Michael (geb. 1959, aus erster Ehe von Yvonne) und Franziska (geb. 1962, aus erster Ehe von Herbert Koch) sind gemeinsam als Geschwister aufgewachsen; Foto von 1968. • privat

Seite 42:
Yvonne und Ehemann Herbert Koch in den 1970er Jahren • privat

Seite 45:
Yvonne und Herbert Koch auf ihrem Segelboot, 2009 • privat

Erfahrungen mehr zur Verfügung stehen. Ich glaube, dass es auch deshalb sehr wichtig ist, die Berichte von Zeitzeugen zu bewahren und zu kommunizieren.

Mein Familienleben war harmonisch, beruflich war ich erfolgreich, und ich konnte mich weiter entwickeln. Zusammen mit meinem Mann betrieb ich Grundlagenforschung auf höchstem Niveau. Im Laufe der Jahre musste ich ab und zu die Erfahrung machen, dass mit zunehmendem Alter meine Erinnerungen an das KZ deutlicher zu Tage treten.

Die Erinnerungen an Bergen-Belsen trage ich immer bei mir, und manchmal werden sie übermächtig lebendig. Ich stehe sehr schnell an der Schwelle, mich „minderwertig“ zu fühlen, auch wenn es dafür überhaupt keinen objektiven Grund gibt. Hier wirkt sicherlich die Behandlung durch die Aufseher und SS-Leute im KZ im Unterbewusstsein nach. Das Problem ist dabei, dass meine Gefühle von Dritten nicht erkennbar oder gar vorhersehbar sind.

Ab Anfang der 1980er Jahre lebte ich zusammen mit meinem Mann in den USA. Ich forschte in Washington DC am Armed Forces Institute of Pathology an einem AIDS-Projekt und beendete diese Arbeiten mit einem Buch und einem Abschlussdiplom. Es war für mich die beste Zeit in meinem Berufsleben. Als Ergebnis dieser Zeit habe ich mit meinem Mann auch ein Buch über unser Fachgebiet geschrieben.

Trotz einer glücklichen beruflichen und privaten Zeit in den USA bin ich auch dort mit meinen Altlasten manchmal nicht zurechtgekommen. Ein Beispiel: Wir sind in einer Ausstellung im Museum of Modern Art, und auf einmal sehe ich ein großformatiges, abstraktes Bild, als ob es Berge von Leichen in Bergen-Belsen zeigte, ein Gewirr von Händen und Füßen. Es war sehr schwer, das zu verarbeiten.

Ein anderes Beispiel: Wir sitzen im Theater und sehen das Musical „Anatevka", und es kommt die Szene, wo der Polizist auftritt und sagt: „Ihr und alle anderen Juden müssen das Dorf verlassen." Auf der Bühne haben die Kinder sich gefreut und mit ihren Puppen getanzt und gesagt: „Wir fahren weg, wir besuchen unseren Onkel in Amerika." Bei mir hat es die Erinnerung an Lednické Rovné geweckt, als mein Vater und meine Mutter etwas Geheimnisvolles im Wohnzimmer besprochen haben und ich mit meiner Puppe Paulinka glücklich gespielt habe und wie wir dann unser Zuhause verlassen mussten. Ich fing an zu weinen und musste das Theater verlassen.

Seit über 25 Jahren leben wir im Rheinland und fühlen uns dort sehr wohl. Manchmal tauchen Erinnerungen an die Schreckenszeit im KZ aus dem Unterbewusstsein auf; aus heiterem Himmel können unvorhersehbare Auslöser dazu führen. Früher war es für mich extrem schwierig, mich zu fangen und zu beherrschen, aber heute habe ich weitgehend gelernt, damit umzugehen.

Solche „Auslöser" können ganz alltägliche Ereignisse sein. Wir fuhren zum Beispiel regelmäßig zum Skifahren nach Österreich und waren oft in St. Anton. Einmal standen wir am geschlossenen Bahnübergang, als ein Güterzug mit Viehwaggons unmittelbar an uns vorüber fuhr. Da hatte ich plötzlich die Assoziation des Transportes von Sered nach Bergen-Belsen und bin fast zusammengebrochen. In solchen Situationen gibt mir mein Mann sicheren Halt, und ich kann damit umgehen.

Ein Freund – er ist Arzt in Düsseldorf – hat mir einen berühmten Psychiater in Amsterdam empfohlen. Er war Jude, und seine Frau war auch in Bergen-Belsen. Ich bin mit meinem Mann einige Male zu ihm nach Amsterdam gefahren. Er wäre für

links:
Skilaufen in den Dolomiten, 2012 • privat

rechts:
Segelurlaub in Frankreich (Port Cros), 1998 • privat

Seite 47 oben:
Hafentag mit Enkelin Nina, 2000 • privat

Seite 47 unten:
Ansprache Yvonne Koch bei der Gedenkfeier
an der Rampe am 19. April 2009 • privat

mich der ideale Therapeut zur Vergangenheitsbewältigung gewesen, aber es war uns nicht möglich, regelmäßig dorthin zu fahren, das überstieg unsere Möglichkeiten. Später habe ich mit Hilfe eines sehr einfühlsamen Psychiaters in Düsseldorf gelernt, meine Probleme zu erkennen, zu verarbeiten und damit umzugehen.

Es wurde für mich in den letzten Jahren immer wichtiger, dass ich jungen Menschen in Schulen, aber auch in Workshops in der Gedenkstätte Bergen-Belsen über mein Schicksal berichten konnte, und dabei zu sehen, wie interessiert diese jungen Menschen an Berichten von Augenzeugen sind und wie aktiv sie sich um Erkenntnisse aus dieser dunklen Vergangenheit bemühen. Die Arbeit kostet mich sehr viel Kraft, aber ich hoffe, dass ich sie trotzdem noch lange fortsetzen kann.

Manchmal macht es mir Freude, allein in ein Kaffeehaus zu gehen und es zu genießen, mich in meinem Umfeld, einem demokratischen System, einfach sicher zu fühlen. Ich weiß allerdings nicht, ob diese innere Sicherheit Bestand hätte, wenn ich einer Demonstration von Neonazis begegnen würde.

Mehrfach wurde ich gefragt, wie ich über Leute denke, die den Holocaust leugnen. Ich habe damit kein Problem, denn für mich ist jemand, der diese Einstellung hat und verbreitet, schlicht ein Psychopath, der nicht ernst zu nehmen ist, sondern einer gezielten psychiatrischen Behandlung bedarf.

Die Gedenkstätte Bergen-Belsen eröffnete im Herbst 2007 ein neu errichtetes Dokumentationszentrum. Das Gebäude aus Sichtbeton und Erinnerungsstücke in der umfangreichen Dauerausstellung bilden eine tief beeindruckende Einheit. Die Würde der Toten und die Erinnerungen der Überlebenden könnten nicht besser gewahrt werden. Ein Besuch in Bergen-Belsen oder einer anderen KZ-Gedenk-

stätte sollte zum allgemeinen Pflichtprogramm auch der nächsten Generationen gehören.

Ich will meine Geschichte beenden. Es ist der Versuch, Geschehnisse aus meinem Leben, die eine schreckliche Epoche der europäischen Geschichte verkörpern, authentisch der Nachwelt zu erhalten, Kindern und Enkeln zur Erinnerung, zum Verständnis und zur Mahnung. Ich danke dem Allmächtigen und den Menschen, die mir geholfen haben, am Leben zu bleiben und es zu meistern. Ich danke meiner Familie für die schönen Jahre, die ich in Freiheit und Sicherheit gelebt habe und lebe.

Gedenkstätte Bergen-Belsen, 66. Jahrestag der Befreiung, Gedenkfeier am 17. April 2011; v.l.n.r.: Maria Gniatczyk (Vorsitzende des polnischen Verbandes der Bergen-Belsen-Überlebenden), György Dénes mit Ehefrau (Vorsitzender des Verbandes der Bergen-Belsen-Überlebenden in Ungarn) , Yvonne Koch • Martin Schellenberg/Stiftung niedersächsische Gedenkstätten

Seite 48:
Gedenkstätte Bergen-Belsen, 17. April 2011, an der Inschriftenwand, Yvonne Koch mit Teilnehmerinnen des Internationalen Jugendworkcamps • Ole Otten

Es wurde für mich in den letzten Jahren immer wichtiger … zu sehen, wie interessiert diese jungen Menschen an Berichte von Augenzeugen sind …

Mich haben ihre Erzählungen sehr zum Nachdenken gebracht und sicherlich bin ich nicht die Einzige. Was mir besonders gefallen hat, war Ihr Satz: „Wer in der Demokratie schläft, wacht in der Diktatur auf". Diesen Satz, diese Mahnung sollten wir uns alle zu Herzen nehmen.

Auszug aus dem Brief einer Neuntklässlerin des Konrad-Heresbach-Gymnasiums, Mettmann nach einem Zeitzeuginnengespräch mit Yvonne Koch, Mai 2020.

Die Erfahrung, Sie kennengelernt zu haben, hat uns ganz deutlich gezeigt, wie wichtig Menschlichkeit und mitfühlendes Verhalten auch heute noch sind, damit die Dinge, die damals geschahen, sich nicht wiederholen.
Viele von uns haben Geschwister in Ihrem damaligen Alter, deswegen ist uns Ihre Schilderung sehr nahe gegangen.

Auszug aus dem Brief einer neunten Klasse nach einem Zeitzeuginnengespräch mit Yvonne Koch im Sommer 2012.

Yvonne Koch als Zeitzeugin beim Internationalen Jugend-
workcamp in der Gedenkstätte Bergen-Belsen, April 2011
• Mark Mühlhaus

Yvonne Koch in der Gedenkstätte Bergen-Belsen mit
Teilnehmerinnen und Teilnehmern des Internationalen
Jugend-Workcamps des CVJM, 2014. • privat

Zum Hintergrund

Thomas Rahe

Mit dem Münchner Abkommen vom September 1938 wurden nicht nur die bis dahin zur Tschechoslowakei gehörenden Sudetengebiete in das Deutsche Reich eingegliedert, sondern es wurde als Teil der Nationalsozialistischen Machtpolitik auch der Weg für einen eigenständigen slowakischen Staat bereitet. Im November 1938 erhielt die Slowakei zunächst einen autonomen Status innerhalb der durch das Münchner Abkommen verkleinerten Tschechoslowakei, und am 14. März 1939 wurde die Slowakische Republik als selbstständiger Staat gegründet, der bis zum Ende des Zweiten Weltkriegs bestand. Dieser Staat war extrem nationalistisch, antisemitisch und antikommunistisch geprägt. Die Macht lag in den Händen eines autoritären Einparteienregimes unter der Führung des katholischen Priesters Jozef Tiso. Die Slowakische Republik war ein enger Verbündeter des nationalsozialistischen Deutschland, von dem sie weitgehend abhängig war.

Ab 1940 wurde die antijüdische Gesetzgebung in der Slowakei zunehmend verschärft: Juden wurden zur Zwangsarbeit herangezogen, jüdisches Vermögen wurde beschlagnahmt, Juden erhielten Berufsverbote und mussten Kennzeichen ähnlich dem Judenstern tragen, Ehen zwischen Juden und Nichtjuden wurden verboten usw. Zwischen März und Oktober 1942 wurden etwa 58.000 slowakische Juden deportiert, zumeist in die Vernichtungslager Auschwitz und Majdanek. Die Einsprüche jüdischer Gruppen bei Regierungsvertretern und Verhandlungen mit den Nationalsozialisten sowie öffentliche Proteste der christlichen Kirchen in der Slowakei trugen jedoch dazu bei, dass diese Massendeportationen im Oktober 1942 vorerst eingestellt wurden.

Im August 1944 begann der sogenannte Slowakische Nationalaufstand. Er zielte auf den Sturz der slowakischen Regierung unter Jozef Tiso sowie die Loslösung der Slowakei aus der Abhängigkeit von NS-Deutschland, führte jedoch zur Besetzung des Landes durch die Deutschen. Der Aufstand, an dem sich auch etwa 2.000 Juden beteiligten, konnte vom Regime und den deutschen Truppen bis Ende Oktober 1944 niedergeschlagen werden. In der Folge wurden die Deportationen von Juden aus der Slowakei wieder aufgenommen. Bis März 1945 wurden etwa 13.500 Juden nach Auschwitz, Sachsenhausen, Ravensbrück, Bergen-Belsen und Theresienstadt deportiert. Etwa 10.000 slowakische Juden wurden bei Kriegsende in den nationalsozialistischen Konzentrationslagern befreit, rund 5.000 hatten im Versteck in der Slowakei überlebt. Die Zahl der Opfer unter den slowakischen Juden wird auf 60.000 bis 70.000 geschätzt.

Im Vergleich zur Situation der Juden in den von der Wehrmacht besetzten Ländern wies ihre Verfolgung in der Slowakei einige Besonderheiten auf. Dazu zählte unter anderem, dass ein Teil der slowakischen Juden wegen ihrer Bedeutung für die slowakische Wirtschaft oder weil sie in einer „Mischehe" lebten, von manchen der antijüdischen Maßnahmen, insbesondere der Deportation, zumindest vorübergehend ausgenommen waren. Die Zahl der Juden mit solchen „Ausnahmepapieren" wird auf bis zu 25.000 geschätzt. Auch der Übertritt zum Christentum konnte im Einzelfall Schutz bedeuten. Ende 1942 lebten etwa 3.200 getaufte Juden in der Slowakei.

Sered war eines von drei sogenannten Polizeihaftlagern in der Slowakei. Es wurde sowohl als Zwangsarbeitslager wie auch als Durchgangslager für die Deportation slowakischer Juden genutzt. Mit dem Einmarsch der deutschen Truppen im Sommer 1944 waren die noch in der Slowakei lebenden Juden in deutsche Hände gefallen. So übernahm Mitte September 1944 ein Deutscher, der SS-Hauptsturmführer Alois Brunner, das Kommando über das Lager Sered und entwickelte es schnell zu einem zentralen Sammellager, in das nun auch diejenigen slowakischen Juden getrieben wurden, die zuvor aufgrund ihrer „Ausnahmepapiere" noch geschützt gewesen waren. Von hier aus wurden ab Ende September 1944 die Deportationen wieder aufgenommen.

In der Gruppe, mit der Yvonne Polláková Mitte November 1944 in das Konzentrationslager Bergen-Belsen gebracht wurde, befanden sich insgesamt etwa 65 Frauen aus der Slowakei mit ihren Kindern. Yvonne Polláková war in diesem Transport wahrscheinlich das einzige Kind, das ohne seine Mutter in Bergen-Belsen eintraf. Die genauen Hintergründe dieses Häftlingstransports aus Sered sind nicht bekannt. Die Entscheidung, diese Frauen und Kinder nach Bergen-Belsen zu bringen, ist jedoch im Zusammenhang mit der Tatsache zu sehen, dass kurz zuvor die Tötungen in den Gaskammern von Auschwitz eingestellt worden waren, so dass nun andere Konzentrationslager für die „Abschiebung" von Juden aus der Slowakei in Betracht kamen. Das KZ Bergen-Belsen war zwar ursprünglich nur zu dem Zweck errichtet worden, bestimmte Gruppen jüdischer Häftlinge gegen Auslandsdeutsche auszutauschen. Im Lauf mehrerer Funktionserweiterungen entstanden ab Frühjahr 1944 jedoch neue Lagerteile. Im August 1944 war in Bergen-Belsen neben dem „Austauschlager" auch ein Frauenlager eingerichtet worden, in dem ab Ende Oktober 1944 auch Anne Frank und ihre Schwester Margot lebten. Am 1. Dezember 1944 waren von den rund 15.000 Häftlingen Bergen-Belsens etwa 8.000 Frauen und Mädchen in diesem Frauenlager zusammengepfercht.

In diesen Lagerteil wurde auch Yvonne Polláková eingewiesen. Sie war nicht das einzige Kind, das ohne Angehörige nach Bergen-Belsen gebracht wurde. Schon bei Einrichtung des „Austauschlagers" waren Waisenkinder bzw. Kinder, die von ihren Eltern getrennt worden waren, hierher deportiert worden. Doch nur von wenigen dieser Kinder liegen Berichte oder Interviews vor.

Bis zum Alter von 14 Jahren galten Häftlinge für die SS als Kinder, was u. a. zur Folge hatte, dass sie keine Zwangsarbeit zu leisten brauchten. Sie mussten jedoch ab dem Alter von vier Jahren an dem täglichen Appellstehen teilnehmen, das oft stundenlang dauerte, und waren Hunger, Kälte, Krankheit und Angst genauso wehrlos ausgeliefert wie die erwachsenen Häftlinge.

Yvonne Polláková kam zu einem Zeitpunkt nach Bergen-Belsen, als sich der Charakter dieses Lagers noch einmal grundlegend wandelte. Durch das Vorrücken der Roten Armee in Richtung Westen wurden immer mehr nationalsozialistische Konzentrationslager eingenommen. Um zu verhindern, dass damit die Häftlinge dieser Lager befreit wurden, schickte die SS sie auf Todesmärsche in andere Konzentrationslager. Bergen-Belsen wurde ab Ende 1944 zu einem der Hauptzielorte für diese Räumungstransporte, so dass das Lager bald völlig überfüllt war. Wie dramatisch sich die Lebensbedingungen für die Häftlinge damit verschlechterten, beschreibt Yvonne Koch in ihrem Bericht eindrucksvoll. Der extreme Hunger und Krankheiten, die sich schnell im Lager ausbreiteten, vor allem eine Typhusepidemie, führten zu einem Massensterben – allein im März 1945 starben in Bergen-Belsen mehr als 18.000 Häftlinge.

Als Yvonne Polláková in ihre Heimat zurückkehrte, war die Slowakei erneut Teil der wieder gegründeten Tschechoslowakei geworden, die nun jedoch zur sowjetischen Einflusssphäre gehörte. 1948 übernahm die tschechoslowakische kommunistische Partei die Regierung. Angesichts der Kollaboration zwischen der Slowakischen Republik und dem nationalsozialistischen Deutschland tat sich die Gesellschaft im slowakischen Landesteil besonders schwer mit einer Auseinandersetzung mit der Verfolgung und Ermordung der Juden. Die Einstellung gegenüber den zurückkehrenden Juden war oft feindlich. Ihre Forderung nach Rückgabe des ihnen geraubten Besitzes stieß bei Staat und Gesellschaft meist auf Ablehnung. Des Öfteren kam es zu gewalttätigen Ausschreitungen gegen Juden, mitunter auch zu Morden. Angesichts dieser Entwicklungen wanderten viele Juden aus. Allein zwischen 1948 und 1950 verließen 19.000 Juden die Tschechoslowakei nach Israel. Auch die folgenden Jahre waren in der Tschechoslowakei von einem staatlich propagierten Antisemitismus geprägt, der sich zumeist als Antizionismus ausgab. Die Judenverfolgung in der Zeit des Zweiten Weltkriegs blieb in der Geschichtskultur wie auch in den Schulen ein weitgehend tabuisiertes Thema.

Seit 1993 gibt es durch eine friedliche Trennung vom tschechischen Landesteil wieder einen eigenständigen slowakischen Staat. 2004 wurde die Slowakei in die Europäische Union aufgenommen. Yvonne Koch hatte die Slowakei bereits 1965 verlassen.

Yvonne Koch in der Gedenkstätte Bergen-Belsen mit Teilnehmerinnen und Teilnehmern des Internationalen Jugend-Workcamps des CVJM, 2012. • privat

Zur „Kleinen Reihe“

Habbo Knoch

Mit der „Kleinen Reihe“ möchte die Gedenkstätte Bergen-Belsen auf einzelne Exponate aufmerksam machen, die in der Dauerausstellung zu sehen sind. In jedem Ausstellungsstück ist eine eigene Geschichte enthalten. Schon in der Ausstellung ist dieses Prinzip umgesetzt worden. Vor allem über persönliche Zeugnisse und Gegenstände werden Lebensgeschichten sichtbar. Sie öffnen eigene Zugänge zur Geschichte von Bergen-Belsen – Einblicke in das verbrecherische Handeln und dessen Folgen für die Opfer der Verfolgung.

Sich von einem Dokument, einer Interviewpassage oder einem Gegenstand aus die Geschichte von Bergen-Belsen exemplarisch zu erschließen, folgt dem Gedanken, durch das genaue Hinsehen die Schicksale einzelner Gefangener oder Häftlinge zu würdigen. Was sich an Vielfalt durch das Einzelne offenbart, soll in besonderer Weise im Gedächtnis bleiben.

Doch auch Dokumente, Fotografien oder Objekte, die aus der Bürokratie, der zeitgenössischen Dokumentation und den Orten des Terrors stammen, sollen in dieser Reihe vorgestellt werden. Eine Transportliste, das Foto eines Soldaten, ein Bodenfund – auch über diese Exponate lassen sich wichtige Facetten der Lagergeschichte aufschlüsseln.

Mit der „Kleinen Reihe“ werden einzelne Exponate eingeordnet: als Gegenstände, die einen Bezug zu Bergen-Belsen haben; als Zeugnisse für die mit ihnen zu erzählende Geschichte einzelner Menschen, Geschehnisse oder Strukturen; als Stellvertreter für ein umfassendes historisches Geschehen, das sich mit ihnen entfalten lässt.

Mit jeder Ausgabe wird ein historisches Objekt in besonderer Weise in das soziale Gedächtnis gestellt – durch das Betrachten, Diskutieren oder Eingedenken des Gegenstands und seiner Geschichte.

Impressum

Unter dem Titel „Die Handschuhe: Was Anne Frank nicht mehr schreiben konnte – Erinnerungen an Bergen-Belsen" ist eine erste Fassung des Berichts von Yvonne Koch bereits 2005 in Heft 21 der Dachauer Hefte („Häftlingsgesellschaft") erschienen.

Herausgeber
Stiftung niedersächsische Gedenkstätten/
Gedenkstätte Bergen-Belsen, Celle 2012
Nachdruck 2020

Redaktion
Kerstin Gade, Monika Gödecke,
Diana Gring, Habbo Knoch

Autorinnen und Autor
Yvonne Koch, Diana Gring, Thomas Rahe

Graphische Gestaltung
BOROS, Wuppertal/Berlin;
Christoph Ermisch, Hannover

Druck
Quedlinburg DRUCK GmbH, Quedlinburg

Die Beauftragte der Bundesregierung für Kultur und Medien

Gefördert von der Beauftragten der Bundesregierung für Kultur und Medien aufgrund eines Beschlusses des Deutschen Bundestages sowie vom Land Niedersachsen

ISBN 978-3-9813604-0-0

9 783981 360400